CONFLICTO RESOLUCIÓN FUNDAMENTALES: UNA GUÍA RÁPIDA

Navegar los desacuerdos con claridad y compasión.

Dámaso M. Centeno y James C. Clever.

Todos los libros de James C. Clever

- ❖ Frases maravillosas para resolver conflictos y manejar personas difíciles
- ❖ Ayudar a un cónyuge negativo
- ❖ Desbloqueando tu genio creativo oculto
- ❖ Superar el pensamiento excesivo y la rumiación
- ❖ Lidiar con la ansiedad en una relación
- ❖ Convertirse en un esposo bueno, mejor y perfecto
- ❖ Convertirse en una esposa buena, mejor y perfecta
- ❖ Los hábitos ideales en las relaciones
- ❖ Cómo dominar tus emociones y sentimientos
- ❖ Cómo contar o escribir una historia de manera efectiva

TABLA DE CONTENIDOS

INTRODUCCIÓN

En el silencioso zumbido de una oficina bulliciosa, donde el ritmo de la productividad a menudo armoniza con la discordia ocasional de opiniones diferentes, Sarah se encontró en una encrucijada. Las tensiones iban en aumento y el equipo, que alguna vez estuvo cohesionado, parecía enredado en una red de malentendidos. Enfrentada al desafío de resolver conflictos que amenazaban el tejido mismo de la colaboración, Sarah se embarcó en un viaje, un viaje impulsado por los principios que está a punto de explorar en "Elementos esenciales de la resolución de conflictos: una guía rápida".

Esta guía no es solo una colección de estrategias; Es una brújula que apunta hacia lugares de trabajo armoniosos y relaciones florecientes. Imagínese un escenario en el que Sarah, armada con las ideas de estas páginas, transformara los conflictos en catalizadores para la cohesión del equipo. El impacto se extendió por toda la organización, fomentando un entorno en el que las personas se sentían escuchadas, los conflictos se enfrentaban de frente y las resoluciones no eran solo soluciones, sino oportunidades de crecimiento.

Ahora, adéntrate en el mundo de la resolución de conflictos, donde cada página es una llave que desbloquea el potencial de una transformación positiva. A medida que desentrañamos lo esencial, considere el poder que tienen: el poder de convertir la discordia en colaboración, los desafíos en oportunidades y los lugares de trabajo en prósperos ecosistemas de innovación.

Deja que esta guía rápida sea tu compañera en un viaje en el que los conflictos se convierten en peldaños hacia un futuro en el que la comprensión, la resolución y el crecimiento se entrelazan. Bienvenido a "Elementos esenciales de la resolución de conflictos: una guía rápida", donde el impacto no solo se lee, sino que se siente en el pulso mismo de sus interacciones profesionales y personales.

CAPÍTULO 1

ENTENDIENDO EL CONFLICTO

El conflicto es una parte inherente de la interacción humana, y aprender a manejarlo es esencial para el crecimiento personal y profesional.

Este manual ofrece ideas prácticas y estrategias prácticas para ayudarlo a comprender, manejar y, en última instancia, resolver conflictos con claridad y empatía

¿QUÉ ES EL CONFLICTO?

El conflicto se refiere a un desacuerdo o lucha entre dos o más partes con intereses, necesidades o valores opuestos. Es un aspecto natural e inevitable de las interacciones humanas, que surge de las diferencias en perspectivas, objetivos o expectativas.

Los conflictos pueden ocurrir en diversos entornos, incluidas las relaciones personales, los lugares de trabajo, las comunidades e incluso a escala global.

Los conflictos pueden manifestarse de diferentes formas, que van desde disputas verbales y malentendidos hasta cuestiones más complejas y arraigadas. Pueden surgir debido a una variedad de razones, tales como:

Falta de comunicación: **La falta de una comunicación clara puede dar lugar a malentendidos y conflictos.**

Intereses u objetivos diferentes: **Cuando los individuos o grupos tienen objetivos o prioridades contradictorios.**

Recursos escasos: **La competencia por recursos limitados puede dar lugar a conflictos sobre el acceso y la asignación.**

Valores y creencias: **Las diferencias en los valores personales o culturales pueden contribuir a los conflictos.**

Desequilibrios de poder: **La distribución desigual del poder y la influencia puede conducir a conflictos.**

Comprender y gestionar eficazmente los conflictos es crucial para mantener relaciones saludables, fomentar la cooperación y promover resultados positivos.

La resolución de conflictos implica encontrar soluciones mutuamente aceptables y abordar los problemas subyacentes para lograr un entorno más constructivo y armonioso.

La resolución exitosa de conflictos a menudo requiere comunicación efectiva, empatía, negociación y, en algunos casos, compromiso.

TIPOS DE CONFLICTOS: INTERPERSONALES, ORGANIZACIONALES Y OTROS

El conflicto es un fenómeno multifacético que se manifiesta en diversas formas y contextos.

Comprender los distintos tipos de conflictos es crucial para desarrollar estrategias específicas para su resolución.

Aquí, exploramos tres categorías principales: conflicto interpersonal, conflicto organizacional y conflictos más allá de estos entornos inmediatos.

❖ CONFLICTO INTERPERSONAL

Los conflictos interpersonales ocurren entre individuos y a menudo tienen sus raíces en diferencias de personalidad, estilos de comunicación o valores personales. Algunos ejemplos son los desacuerdos entre amigos, familiares o colegas. Los desencadenantes comunes incluyen malentendidos, expectativas insatisfechas o prioridades diferentes. La resolución efectiva generalmente implica una comunicación abierta, escucha activa y encontrar puntos en común.

❖ CONFLICTO ORGANIZACIONAL

Los conflictos organizacionales surgen dentro de las estructuras de instituciones, empresas o grupos.

Estos conflictos pueden implicar desacuerdos entre empleados, equipos o departamentos. Las fuentes comunes incluyen la asignación de recursos, la ambigüedad de roles y los objetivos conflictivos.

Abordar los conflictos organizacionales requiere una combinación de comunicación clara, liderazgo estratégico y procesos estructurados de resolución de conflictos para mantener un ambiente de trabajo saludable.

❖ CONFLICTOS MÁS ALLÁ DE LA CONFIGURACIÓN INMEDIATA

Los conflictos pueden extenderse más allá de los límites interpersonales y organizacionales para incluir cuestiones sociales, culturales o geopolíticas más amplias. Estos conflictos pueden involucrar naciones, grupos étnicos o ideologías.

Arraigada en factores históricos, políticos o económicos, la resolución de estos conflictos a menudo requiere esfuerzos diplomáticos, cooperación internacional y abordar problemas sistémicos profundamente arraigados.

TEMAS COMUNES EN TODOS LOS TIPOS

un. Ruptura de la comunicación:

En todos los tipos de conflictos, la comunicación juega un papel central. Los malentendidos, la falta de claridad o las estrategias de comunicación ineficaces pueden agravar los conflictos.

La escucha activa y la expresión clara de ideas son cruciales para la resolución de conflictos.

b. Diferentes objetivos y prioridades:

Los conflictos suelen surgir de diferencias en objetivos o prioridades. La identificación de objetivos compartidos y la búsqueda de compromisos son elementos esenciales para resolver conflictos en todos los niveles.

c. Dinámica de poder:

Los desequilibrios de poder pueden contribuir a los conflictos. Ya sea en las relaciones interpersonales, dentro de las organizaciones o a escala global, abordar las diferencias de poder es vital para lograr resoluciones justas y sostenibles.

Comprender los matices de estos tipos de conflictos permite a las personas, los líderes y los responsables políticos adaptar sus enfoques para gestionar y resolver los conflictos de forma eficaz.

Al emplear una combinación de habilidades de comunicación, empatía y resolución estratégica de problemas, es posible transformar los conflictos en oportunidades de crecimiento y cambio positivo.

LA INEVITABILIDAD DEL CONFLICTO EN LAS INTERACCIONES HUMANAS

El conflicto es un componente ineludible de las interacciones humanas. Como individuos con perspectivas, experiencias y valores únicos, es probable que se produzcan choques de opiniones e intereses.

Reconocer la inevitabilidad del conflicto es el primer paso hacia el desarrollo de un enfoque saludable y constructivo para manejar estos desafíos.

❖ PERSPECTIVAS DIVERSAS

Los seres humanos poseen diversos orígenes, influencias culturales y experiencias de vida.

Estas diferencias enriquecen nuestras interacciones, pero también crean un terreno fértil para puntos de vista contradictorios.

Los desacuerdos pueden surgir debido a diversas interpretaciones, creencias y formas de abordar las situaciones.

❖ RECURSOS LIMITADOS

La competencia por recursos limitados, ya sean tangibles como el dinero, el tiempo o el espacio, o intangibles como la atención y el reconocimiento, puede generar conflictos. Los individuos o grupos pueden encontrarse en desacuerdo cuando se esfuerzan por satisfacer sus necesidades o asegurar una parte de estos recursos.

❖ DESAFÍOS DE COMUNICACIÓN

La comunicación, a pesar de ser un aspecto fundamental de la interacción humana, está plagada de posibles malentendidos.

Las diferencias en los estilos de comunicación, las preferencias o el lenguaje pueden dar lugar a interpretaciones erróneas, lo que provoca conflictos incluso cuando las intenciones subyacentes son positivas.

❖ EXPECTATIVAS INSATISFECHAS

Las expectativas, ya sean explícitas o implícitas, juegan un papel importante en las relaciones humanas. Cuando estas expectativas no se cumplen, la decepción puede transformarse en conflicto. Alinear las expectativas y comunicarlas abiertamente puede mitigar los posibles problemas.

❖ OBJETIVOS Y AMBICIONES INDIVIDUALES

Cada persona alberga aspiraciones y ambiciones únicas. Los conflictos pueden surgir cuando los objetivos individuales chocan con los de los demás, lo que lleva a la competencia o la discordia. Equilibrar los objetivos personales con las necesidades colectivas es un desafío perpetuo.

NAVEGANDO POR EL CONFLICTO

En lugar de ver el conflicto como algo inherentemente negativo, aceptarlo como una parte natural de la interacción humana permite el desarrollo de habilidades constructivas de resolución de conflictos.

Abordar los conflictos de forma proactiva puede conducir a una mejor comprensión, relaciones más sólidas y soluciones innovadoras.

ESTRATEGIAS PARA LA RESOLUCIÓN CONSTRUCTIVA DE CONFLICTOS

Comunicación abierta: Fomentar el diálogo transparente y honesto para comprender diversas perspectivas.

Escucha activa: Fomentar una cultura de escucha para comprender las motivaciones y preocupaciones subyacentes de los demás.

Empatía: Cultivar la empatía para apreciar las emociones y experiencias de los involucrados en el conflicto.

Resolución colaborativa de problemas: Cambie el enfoque de ganar a encontrar soluciones mutuamente beneficiosas.

Negociación y compromiso: Busque un punto medio en el que las partes en conflicto puedan comprometerse sin comprometer los valores fundamentales.

El conflicto no es una aberración, sino una parte integral de la experiencia humana.

Al reconocer su inevitabilidad y abordar los conflictos con una mentalidad proactiva y constructiva, las personas y las sociedades pueden convertir estos desafíos en oportunidades de crecimiento, comprensión y cambio positivo.

CAPÍTULO 2

IDENTIFICACIÓN DE LAS CAUSAS RAÍZ

La resolución de conflictos comienza con una comprensión profunda de los factores subyacentes que contribuyen a la discordia. La identificación de las causas fundamentales de los conflictos es un paso fundamental hacia el desarrollo de estrategias específicas y eficaces para su resolución. En este capítulo, profundizamos en los diversos elementos que dan lugar a los conflictos, explorando enfoques proactivos para abordar estos problemas antes de que se intensifiquen.

❖ FALTA DE COMUNICACIÓN Y FALTA DE CLARIDAD

Causa raíz: **Muchos conflictos se derivan de la falta de comunicación, donde las intenciones se malinterpretan, los mensajes no son claros o las suposiciones conducen a la confusión.**

Estrategia de resolución: **Enfatice la comunicación clara y abierta. Anime a las personas a expresarse honestamente y a escuchar activamente para garantizar la comprensión mutua.**

❖ NECESIDADES Y EXPECTATIVAS INSATISFECHAS

Causa raíz: Los conflictos a menudo surgen cuando los individuos o grupos sienten que sus necesidades no están siendo satisfechas, o las expectativas no se cumplen.

Estrategia de resolución: Facilitar las discusiones para identificar y articular las necesidades y expectativas. Fomentar la negociación y el compromiso para encontrar un terreno común.

❖ DIFERENTES VALORES Y PERSPECTIVAS

Causa raíz: Los conflictos pueden surgir debido a diferencias fundamentales en valores, creencias o perspectivas culturales.

Estrategia de resolución: Fomentar la competencia cultural y la empatía. Crear espacios para el diálogo abierto para mejorar la comprensión y el aprecio por los diversos puntos de vista.

❖ RECURSOS ESCASOS

Causa raíz: La competencia por recursos limitados, ya sean tangibles (por ejemplo, presupuesto, tiempo) o intangibles (por ejemplo, reconocimiento, oportunidades), puede dar lugar a conflictos.

Estrategia de resolución: Implementar sistemas justos de asignación de recursos. Fomentar la colaboración para optimizar el uso de los recursos y minimizar la competencia.

❖ AMBIGÜEDAD DE ROLES Y
RESPONSABILIDADES

Causa raíz: La falta de claridad con respecto a los roles y responsabilidades dentro de un grupo u organización puede generar confusión y conflicto.

Estrategia de resolución: Defina claramente los roles y responsabilidades. Establezca canales de comunicación efectivos para abordar inquietudes y proporcionar comentarios.

❖ CHOQUES DE PERSONALIDAD

Causa raíz: Los conflictos pueden surgir de diferencias en los rasgos de personalidad, los estilos de comunicación o las preferencias de trabajo.

Estrategia de resolución: Promover actividades de formación de equipos para mejorar la comprensión y la apreciación de las diversas personalidades. Fomentar la comunicación abierta para abordar posibles conflictos.

❖ PROBLEMAS PASADOS NO RESUELTOS

Causa raíz: Los resentimientos persistentes o los conflictos pasados no resueltos pueden contribuir a la discordia actual.

Estrategia de resolución: **Abordar los problemas históricos de forma proactiva.** Facilite las discusiones para reconocer los agravios del pasado y trabajar hacia la reconciliación.

❖ INFLUENCIAS EXTERNAS

Causa raíz: **Los conflictos pueden verse influenciados por factores externos como las tendencias sociales, las presiones económicas o los disturbios políticos.**

Estrategia de resolución: **Manténgase informado sobre las influencias externas.** Adaptar la comunicación y las estrategias para navegar y minimizar el impacto de las presiones externas.

Identificar las causas profundas de los conflictos es un paso crucial en el camino hacia la resolución. Al reconocer y abordar estos problemas subyacentes, las personas y los grupos pueden sentar las bases para una gestión más eficaz de los conflictos. En los próximos capítulos se explorarán estrategias para la resolución proactiva de conflictos basadas en una comprensión integral de estas causas fundamentales.

CAPÍTULO 3

GESTIÓN PROACTIVA DE CONFLICTOS: ABORDAR LOS PROBLEMAS ANTES DE QUE SE INTENSIFIQUEN

La gestión proactiva de conflictos es el arte de anticipar y abordar los problemas potenciales antes de que se conviertan en desafíos más importantes.

Al identificar las señales de alerta temprana e implementar estrategias para promover la comunicación y el entendimiento abiertos, las personas y las organizaciones pueden crear una cultura que evite que los conflictos lleguen a una etapa crítica.

En este capítulo, exploramos los principios y prácticas de la gestión proactiva de conflictos.

❖ DETECCIÓN TEMPRANA Y SEÑALES DE ALERTA

Identificación: Entrene a las personas para que reconozcan los primeros signos de tensión o insatisfacción, como el aumento del estrés, la disminución de la comunicación o los cambios sutiles en el comportamiento.

Intervención: Establecer mecanismos para informar y abordar las inquietudes con prontitud. Fomentar canales de comunicación abiertos para que las personas expresen sus quejas o malestares.

❖ CANALES DE COMUNICACIÓN CLAROS:

Comunicación proactiva: Fomentar un entorno en el que las personas se sientan cómodas expresando sus pensamientos y preocupaciones sin temor a represalias.

Plataformas de resolución de conflictos: Implemente plataformas accesibles, como buzones de sugerencias o sistemas de denuncia anónima, para alentar a las personas a compartir posibles problemas.

❖ REVISIONES PERIÓDICAS Y COMENTARIOS

Evaluaciones programadas: Realice controles o evaluaciones periódicas para evaluar la dinámica del equipo y la satisfacción individual.

Mecanismos de retroalimentación: Establecer circuitos de retroalimentación para recopilar información sobre posibles fuentes de conflicto, lo que permite una intervención y resolución oportunas.

❖ Capacitación en Resolución de Conflictos

Educación y capacitación: Proporcionar sesiones de capacitación sobre habilidades de resolución de conflictos, enfatizando la importancia de los enfoques proactivos para prevenir conflictos.

Empoderamiento: Dotar a las personas de las herramientas necesarias para abordar los conflictos en una etapa temprana, promoviendo un sentido de empoderamiento y responsabilidad.

❖ ACTIVIDADES DE TEAM BUILDING

Promover la cohesión: Organizar actividades de formación de equipos para mejorar las relaciones interpersonales y fomentar una cultura de equipo positiva.

Generar confianza: **Fortalecer la confianza dentro de un grupo puede actuar como una medida preventiva, reduciendo la probabilidad de que surjan conflictos.**

❖ PARTICIPACIÓN DE LOS LÍDERES

Liderazgo visible: **Animar a los líderes a participar activamente en los esfuerzos de prevención de conflictos, dando ejemplo al resto del equipo.**

Capacitación en resolución de conflictos para líderes: **Equipe a los líderes con las habilidades para identificar conflictos potenciales y abordarlos de manera proactiva.**

❖ INICIATIVAS DE DIVERSIDAD E INCLUSIÓN

Promover la comprensión: **Adoptar iniciativas de diversidad e inclusión para minimizar las posibles fuentes de conflicto relacionadas con diferentes orígenes, perspectivas o experiencias.**

Competencia cultural: **Fomentar una cultura de competencia cultural, donde los individuos aprecian y aprenden de diversos puntos de vista.**

❖ ESTABLECIMIENTO DE UN MARCO DE RESOLUCIÓN DE CONFLICTOS:

Políticas escritas: Desarrollar políticas claras y accesibles de resolución de conflictos dentro de las organizaciones.

Procesos estructurados: Definir procesos paso a paso para abordar conflictos, asegurando un enfoque sistemático y justo.

La gestión proactiva de conflictos es una inversión en la salud y la sostenibilidad de las relaciones, tanto en el ámbito personal como en el profesional.

Al cultivar una cultura que aborde los problemas antes de que se intensifiquen, las personas y las organizaciones pueden fomentar un entorno armonioso en el que los conflictos sean oportunidades para el crecimiento y la comprensión, en lugar de obstáculos para el éxito.

En los próximos capítulos se profundizará en estrategias y técnicas específicas para resolver conflictos de forma proactiva.

CAPÍTULO 4

ESTRATEGIAS Y TÉCNICAS PROACTIVAS DE RESOLUCIÓN DE CONFLICTOS

La resolución proactiva de conflictos requiere un enfoque estratégico y sistemático que vaya más allá de la mera identificación.

En este capítulo, exploramos estrategias y técnicas específicas diseñadas para abordar los conflictos desde sus raíces, fomentando la comprensión y la colaboración antes de que las tensiones aumenten.

❖ TALLERES DE COMUNICACIÓN CONSTRUCTIVA

Sesiones interactivas: Realizar talleres centrados en estrategias de comunicación efectivas, haciendo hincapié en la escucha activa, la expresión clara y las técnicas de comunicación no violenta.

Aprendizaje basado en equipos: Fomentar la participación en equipo para promover una comprensión compartida de la dinámica de la comunicación, reduciendo el potencial de malinterpretaciones y conflictos.

❖ MAPEO Y ANÁLISIS DE CONFLICTOS

Identificación de patrones: **Capacitar a individuos o equipos para mapear conflictos pasados, identificando patrones recurrentes o desencadenantes.**

Análisis de la causa raíz: **Realizar análisis en profundidad para identificar los problemas subyacentes que contribuyen a los conflictos, lo que permite realizar esfuerzos de prevención específicos.**

❖ ENTRENAMIENTO EN INTELIGENCIA EMOCIONAL

Conciencia emocional: **Proporcionar formación en inteligencia emocional para mejorar la conciencia y la gestión de las personas sobre sus propias emociones y las de los demás.**

Construcción de empatía: **Cultivar la empatía como una herramienta para comprender diversas perspectivas y reducir la tensión emocional.**

❖ DESARROLLO DE HABILIDADES DE MEDIACIÓN

Facilitación neutral: Capacitar a las personas designadas o líderes en habilidades de mediación para facilitar diálogos constructivos entre las partes en conflicto.

Simulación de resolución de conflictos: Realice simulaciones para perfeccionar las habilidades de mediación en escenarios realistas, preparando a las personas para la resolución proactiva de conflictos.

❖ PROGRAMAS DE APOYO ENTRE PARES

Sistemas de compañeros: Establecer programas de apoyo entre pares en los que las personas tengan aliados designados a los que puedan acudir en busca de consejo o ayuda.

Pares de mediación: Emparejar a personas con habilidades complementarias de resolución de conflictos para brindar apoyo mutuo dentro de los equipos.

❖ EJERCICIOS DE JUEGO DE ROLES

Entrenamiento basado en escenarios: **Realizar ejercicios de juego de roles simulando posibles situaciones de conflicto.**

Práctica centrada en soluciones: **Anime a los participantes a explorar y practicar soluciones en un entorno controlado, mejorando sus habilidades de resolución de conflictos.**

❖ RETIROS DE TEAM BUILDING

Retiros estructurados: **Organice retiros de formación de equipos con actividades estructuradas diseñadas para fortalecer la cohesión del equipo.**

Discusiones abiertas: Crear **espacios para discusiones abiertas sobre posibles conflictos y estrategias para prevenirlos en el futuro.**

❖ PROCESOS TRANSPARENTES DE TOMA DE DECISIONES

Toma de decisiones inclusiva: **Garantizar** que los procesos de toma de decisiones sean transparentes e inclusivos, reduciendo los sentimientos de exclusión que pueden conducir a conflictos.

Mecanismos de retroalimentación: Establecer bucles de retroalimentación para abordar las preocupaciones sobre los procesos de toma de decisiones de manera proactiva.

- ❖ BUCLES DE RETROALIMENTACIÓN CONTINUA

Controles regulares: Implemente controles continuos para evaluar la dinámica del equipo, la satisfacción y las posibles fuentes de tensión.

Sistemas de retroalimentación anónima: Permiten que las personas proporcionen comentarios de forma anónima, fomentando la comunicación abierta y honesta.

La resolución proactiva de conflictos es un proceso continuo que requiere un compromiso con la mejora continua y el aprendizaje.

Al implementar estas estrategias y técnicas específicas, las personas y las organizaciones pueden crear una cultura que no solo aborde los conflictos a medida que surgen, sino que trabaje activamente para prevenirlos, fomentando un entorno positivo y colaborativo.

Los capítulos siguientes explorarán aplicaciones del mundo real y estudios de casos de estas estrategias proactivas de resolución de conflictos en acción.

CAPÍTULO 5

APLICACIONES EN EL MUNDO REAL Y ESTUDIOS DE CASOS

En este capítulo, exploramos las aplicaciones del mundo real de las estrategias proactivas de resolución de conflictos y profundizamos en estudios de casos que muestran la implementación exitosa de estas técnicas en diversos entornos.

❖ TALLERES DE COMUNICACIÓN EN EL ÁMBITO CORPORATIVO:

Contexto: Una empresa multinacional identificó frecuentes malentendidos y conflictos entre los miembros del equipo, lo que provocó una disminución de la productividad.

Estrategia: Implementación de talleres de comunicación constructiva centrados en la escucha activa, la expresión efectiva y la comunicación no violenta.

Resultados: La mejora de las habilidades de comunicación condujo a una mejor comprensión, una mejor colaboración y una reducción notable de los conflictos. Los equipos informaron de un aumento de la satisfacción y la productividad.

❖ MAPEO DE CONFLICTOS EN UNA
ORGANIZACIÓN SIN FINES DE LUCRO

Contexto: Una organización sin fines de lucro observó conflictos recurrentes entre voluntarios y miembros del personal, lo que dificultaba el logro de los objetivos organizacionales.

Estrategia: Mapeo y análisis de conflictos para identificar patrones y causas raíz de conflictos. A partir de los datos, implementamos estrategias específicas.

Resultados: Al abordar las causas raíz, la organización experimentó una mejora en la moral de los voluntarios, una mayor cooperación y una cultura organizacional más positiva.

❖ FORMACIÓN EN INTELIGENCIA
EMOCIONAL EN EL ÁMBITO SANITARIO

Contexto: Una institución de salud notó tensión entre los miembros del personal, lo que afectó el ambiente de trabajo general y la atención al paciente.

Estrategia: Introducción de la formación en inteligencia emocional para mejorar la autoconciencia y la empatía entre los profesionales sanitarios.

Resultados: Los miembros del personal reportaron una mejor comprensión de sus propias emociones y las de sus colegas. La mejora de la inteligencia emocional contribuyó a un entorno de trabajo más comprensivo y a una mejor atención al paciente.

❖ PROGRAMA DE APOYO ENTRE PARES EN INSTITUCIONES EDUCATIVAS

Contexto: Una universidad observó conflictos entre los estudiantes, particularmente durante los proyectos grupales y las actividades colaborativas.

Estrategia: Se implementó un programa de apoyo entre pares en el que los estudiantes fueron emparejados con aliados designados para recibir asesoramiento y asistencia. Se incluyeron pares de mediación para la resolución de conflictos.

Resultados: El programa de apoyo entre pares creó un sentido de comunidad entre los estudiantes, redujo los conflictos y proporcionó un sistema de apoyo para las personas que enfrentan desafíos académicos o personales.

❖ EJERCICIOS DE JUEGO DE ROLES EN UNA AGENCIA GUBERNAMENTAL

Contexto: Un organismo gubernamental se enfrentó a dificultades en la comunicación interdepartamental, lo que dio lugar a malentendidos y retrasos en la finalización del proyecto.

Estrategia: Realización de ejercicios de juego de roles simulando posibles escenarios de conflicto y prácticas centradas en la solución durante las sesiones de formación de equipos.

Resultados: La mejora de las habilidades de comunicación y resolución de problemas condujo a una colaboración interdepartamental más fluida, reduciendo los conflictos y mejorando la eficiencia general en la ejecución de proyectos.

❖ TRANSPARENCIA EN LA TOMA DE DECISIONES EN UNA ORGANIZACIÓN NO GUBERNAMENTAL (ONG)

Contexto: Una ONG se encontró con conflictos derivados de las desigualdades percibidas en los procesos de toma de decisiones.

Estrategia: Implementación de procesos transparentes de toma de decisiones, asegurando la inclusión y estableciendo mecanismos de retroalimentación para la mejora continua.

Resultados: El aumento de la transparencia condujo a una mayor confianza entre los miembros del equipo, una reducción de los conflictos relacionados con la toma de decisiones y un entorno de trabajo más armonioso.

❖ BUCLES DE RETROALIMENTACIÓN CONTINUA EN STARTUPS TECNOLÓGICAS

Contexto: Una startup tecnológica se enfrentó a dificultades para retener el talento debido a los conflictos y la insatisfacción entre los miembros del equipo.

Estrategia: Introduje controles regulares y sistemas de retroalimentación anónima para abordar las inquietudes de manera proactiva y mejorar la dinámica del equipo.

Resultados: Se observó un aumento de la satisfacción laboral, menores tasas de rotación y una cultura de trabajo más adaptativa y colaborativa, lo que contribuyó al éxito de la startup.

Estos estudios de caso destacan la adaptabilidad y la eficacia de las estrategias proactivas de resolución de conflictos en diversos contextos. Al adaptar estas estrategias a las necesidades específicas de la organización y fomentar una cultura de mejora continua, las personas y las organizaciones pueden crear entornos en los que los conflictos no solo se gestionan, sino que se previenen, lo que conduce a un éxito sostenido y resultados positivos. Los capítulos finales proporcionarán consejos prácticos para integrar estas estrategias en varias estructuras organizativas y ofrecerán orientación sobre cómo mantener un enfoque proactivo de resolución de conflictos a lo largo del tiempo.

CAPÍTULO 6

CONSEJOS PRÁCTICOS PARA LA INTEGRACIÓN Y EL MANTENIMIENTO DE ESTRATEGIAS PROACTIVAS DE RESOLUCIÓN DE CONFLICTOS

La integración efectiva de estrategias proactivas de resolución de conflictos en diversas estructuras organizacionales requiere un esfuerzo reflexivo y sostenido. En este capítulo, proporcionamos consejos prácticos para incorporar sin problemas estas estrategias y ofrecemos orientación sobre cómo mantener un enfoque proactivo de resolución de conflictos a lo largo del tiempo.

PERSONALIZAR LAS ESTRATEGIAS PARA LA CULTURA ORGANIZACIONAL

Consejo: Adapte las estrategias de resolución de conflictos para alinearlas con la cultura, los valores y la estructura existentes de la organización.

Orientación: Comprender la dinámica única de la organización, asegurándose de que las estrategias de resolución de conflictos resuenen con los empleados y el liderazgo. Esto aumenta la probabilidad de una integración exitosa y la sostenibilidad a largo plazo.

❖ RESPALDO Y PARTICIPACIÓN DEL
   LIDERAZGO

Consejo: Asegure la participación activa y el respaldo de los líderes durante todo el proceso de implementación.

Orientación: Los líderes deben modelar comportamientos proactivos de resolución de conflictos, participar en la capacitación y comunicar constantemente la importancia de estas estrategias a la organización. Esto refuerza una cultura de resolución de conflictos a todos los niveles.

❖ FORMACIÓN CONTINUA Y DESARROLLO
   DE HABILIDADES

Consejo: Implemente programas de capacitación continua para desarrollar continuamente habilidades de resolución de conflictos entre los empleados.

Orientación: Los talleres, seminarios y sesiones regulares de desarrollo de habilidades ayudan a reforzar las técnicas de resolución de conflictos. Este enfoque garantiza que los empleados sigan siendo expertos en identificar y abordar los conflictos de forma proactiva.

❖ INTEGRACIÓN EN LAS EVALUACIONES DE
   DESEMPEÑO

Consejo: Integre las competencias de resolución de conflictos en las evaluaciones de desempeño y los mecanismos de retroalimentación.

Orientación: Al incorporar habilidades de resolución de conflictos como parte de las evaluaciones de desempeño, los empleados están motivados para priorizar estas habilidades, fomentando una cultura en la que la resolución de conflictos se convierte en un aspecto integral del desarrollo profesional.

❖ ESTABLECER POLÍTICAS Y PROCEDIMIENTOS CLAROS

Consejo: Desarrolle y comunique políticas y procedimientos claros de resolución de conflictos dentro de la organización.

Orientación: Los procesos claramente definidos para informar y abordar los conflictos proporcionan un marco estructurado. Esta transparencia permite a las personas navegar los conflictos con confianza y contribuye a una cultura de apertura.

❖ FOMENTAR UN ENTORNO COLABORATIVO

Consejo: Fomenta los entornos colaborativos que hagan hincapié en el trabajo en equipo y los objetivos compartidos.

Orientación: Al fomentar una mentalidad colaborativa, es más probable que las personas aborden los conflictos de manera proactiva, viéndolos como oportunidades para el crecimiento colectivo en lugar de como obstáculos.

❖ MECANISMOS DE RETROALIMENTACIÓN PARA LA MEJORA

Consejo: Establezca ciclos de retroalimentación continuos para recopilar información sobre la eficacia de las estrategias de resolución de conflictos.

Orientación: Solicite regularmente la opinión de los empleados para identificar áreas de mejora y adaptación. Esto garantiza que las estrategias de resolución de conflictos sigan siendo relevantes y respondan a las necesidades cambiantes de la organización.

❖ INCENTIVAR LA RESOLUCIÓN PROACTIVA DE CONFLICTOS

Consejo: Reconozca y recompense los casos de resolución proactiva y eficaz de conflictos.

Orientación: Los incentivos, ya sean tangibles o intangibles, motivan a los empleados a participar activamente en los esfuerzos de resolución de conflictos. Los programas de reconocimiento pueden destacar a las personas o equipos que ejemplifican la resolución proactiva de conflictos.

❖ EVALUAR REGULARMENTE EL CLIMA ORGANIZACIONAL

Consejo: Realizar evaluaciones periódicas del clima organizacional con respecto a la resolución de conflictos.

Orientación: Evaluar regularmente la efectividad de las estrategias de resolución de conflictos y su impacto en el clima organizacional general. Ajustar las estrategias según sea necesario para abordar los desafíos emergentes y mantener la relevancia.

❖ CULTIVAR UNA CULTURA DE APRENDIZAJE

Consejo: Promover una cultura de aprendizaje continuo, donde los errores sean vistos como oportunidades de mejora.

Orientación: Fomentar una mentalidad que valore el aprendizaje de los conflictos y los vea como parte integral del crecimiento. Este enfoque fomenta la resiliencia y la adaptabilidad dentro de la organización.

Integrar y mantener estrategias proactivas de resolución de conflictos en las estructuras organizacionales es un proceso continuo que requiere compromiso, adaptabilidad y mejora continua. Al seguir estos consejos prácticos y proporcionar una orientación constante, las organizaciones pueden cultivar un entorno en el que los conflictos se aborden de forma proactiva, contribuyendo a un lugar de trabajo más saludable y productivo. El capítulo final proporcionará un resumen completo y ofrecerá información sobre el futuro de la resolución proactiva de conflictos en los entornos organizacionales en evolución.

CAPÍTULO 7

RESUMEN COMPLETO Y PERSPECTIVAS FUTURAS

En este capítulo final, presentamos un resumen exhaustivo de los conceptos clave discutidos a lo largo del libro y ofrecemos información sobre el futuro de la resolución proactiva de conflictos en los entornos organizacionales en evolución.

RESUMEN COMPLETO

Entendiendo el conflicto:

- ✓ El conflicto es inevitable en las interacciones humanas, ya que surgen de diversas perspectivas, necesidades y valores.
- ✓ Las causas clave incluyen la falta de comunicación, las necesidades insatisfechas, los valores diferentes y los desequilibrios de poder.

Identificación de las causas raíz:

- ✓ La resolución proactiva de conflictos comienza con el reconocimiento y el tratamiento de los factores subyacentes que contribuyen a los conflictos.

✓ Las causas raíz pueden variar desde interrupciones de la comunicación hasta problemas pasados no resueltos.

Gestión proactiva de conflictos: abordar los problemas antes de que se intensifiquen

✓ La detección temprana y las señales de alerta son cruciales para la intervención antes de que los conflictos se intensifiquen.

✓ Las estrategias incluyen canales de comunicación claros, controles regulares y capacitación en resolución de conflictos.

Estrategias y Técnicas Proactivas de Resolución de Conflictos:

✓ Los talleres de comunicación constructiva mejoran habilidades esenciales como la escucha activa y la comunicación no violenta.

✓ El mapeo de conflictos, la capacitación en inteligencia emocional y el desarrollo de habilidades de mediación ofrecen enfoques específicos.

✓ Los programas de apoyo entre pares, los ejercicios de juego de roles y la toma de decisiones transparente contribuyen a la resolución proactiva.

✓ Los ciclos continuos de retroalimentación y las actividades de formación de equipos fomentan los esfuerzos continuos de resolución de conflictos.

Aplicaciones en el mundo real y estudios de casos:

Los estudios de caso ilustran aplicaciones exitosas de estrategias proactivas de resolución de conflictos en diversos contextos.

Estrategias como los talleres de comunicación, el mapeo de conflictos, la capacitación en inteligencia emocional y el apoyo entre pares tienen un impacto en el mundo real.

Consejos prácticos para la integración y el mantenimiento:

✓ La personalización de las estrategias para la cultura organizacional mejora la alineación y la eficacia.

✓ El respaldo del liderazgo, la capacitación continua y las evaluaciones de desempeño contribuyen a los esfuerzos sostenidos.

✓ Establecer políticas claras, fomentar la colaboración e incentivar la resolución proactiva son componentes vitales.

Perspectivas sobre el futuro de la resolución proactiva de conflictos:

a. Integración tecnológica:

✓ Aprovechar la tecnología para herramientas y plataformas de resolución de conflictos.

✓ Simulaciones de realidad virtual e inteligencia artificial para mejorar la formación en resolución de conflictos.

b. Enfoques basados en datos:

✓ Uso de la analítica de datos para identificar patrones y predecir posibles conflictos.

✓ Incorporar información de los datos de la organización para adaptar las estrategias de resolución de conflictos.

c. Desafíos del trabajo remoto:

✓ Adaptar las estrategias de resolución de conflictos a los retos que plantea el trabajo remoto.

✓ Enfatizar las habilidades de comunicación digital y las actividades virtuales de creación de equipos.

d. Iniciativas de Diversidad, Equidad e Inclusión (DEI):

✓ Integración de los principios de DEI en las estrategias de resolución de conflictos.

✓ Reconocer y abordar los conflictos relacionados con la diversidad y la inclusión de forma proactiva.

e. Competencia intercultural:

✓ Enfatizar la competencia intercultural en la capacitación en resolución de conflictos.

✓ Preparar a las personas y organizaciones para los desafíos de una fuerza laboral globalizada.

f. Prácticas sostenibles y éticas:

✓ Incorporar consideraciones éticas y de sostenibilidad en los enfoques de resolución de conflictos.

✓ Abordar los conflictos relacionados con las preocupaciones ambientales y la toma de decisiones éticas.

El futuro de la resolución proactiva de conflictos en los cambiantes paisajes organizacionales está marcado por la innovación, la adaptabilidad y el compromiso con la mejora continua.

Las organizaciones que adopten la tecnología, los enfoques basados en datos y un enfoque en los desafíos del trabajo remoto estarán mejor equipadas para navegar por los conflictos de manera proactiva.

Además, la integración de iniciativas de diversidad, equidad e inclusión, la competencia intercultural y el compromiso con prácticas sostenibles y éticas contribuirán a un enfoque holístico y resiliente para la resolución de conflictos.

A medida que los panoramas organizacionales continúan evolucionando, la resolución proactiva de conflictos sigue siendo una piedra angular para fomentar culturas positivas en el lugar de trabajo, mejorar la colaboración y lograr un éxito sostenible.

Al mantenerse en sintonía con las tendencias emergentes y adoptar una mentalidad proactiva, las organizaciones pueden navegar por los conflictos de manera efectiva y crear entornos propicios para el crecimiento, la innovación y la colaboración armoniosa.

CONCLUSIÓN

En esta guía concisa pero completa, hemos recorrido los fundamentos de la resolución de conflictos. Desde reconocer la naturaleza inherente de los conflictos hasta profundizar en estrategias proactivas, esta guía rápida lo equipa con herramientas esenciales.

A medida que aplique estos conocimientos, recuerde el poder de la personalización: adaptar las estrategias a la cultura de su organización y a la dinámica individual. La integración de la resolución de conflictos en las prácticas diarias garantiza una cultura de colaboración y crecimiento.

De cara al futuro, la evolución del panorama exige adaptabilidad. Adopte la tecnología, la información basada en datos y la inclusión para preparar su enfoque de resolución de conflictos para el futuro.

Que esta guía sea tu referencia rápida, permitiéndote navegar los conflictos con confianza, convirtiéndolos en peldaños para el éxito y las relaciones armoniosas.

En su viaje continuo, cultive una mentalidad que vea los conflictos no como obstáculos, sino como oportunidades de mejora. Adopte el espíritu de aprendizaje continuo, donde cada resolución se convierte en una lección y un paso hacia la resiliencia organizacional.

A medida que integre estos elementos esenciales de resolución de conflictos, considere el efecto dominó que pueden tener. Su enfoque proactivo no solo resuelve problemas inmediatos, sino que también marca la pauta para un entorno de trabajo positivo, fomentando la colaboración y la innovación.

En un mundo donde el cambio es constante, su compromiso con la resolución de conflictos lo posiciona como un líder capaz de superar los desafíos. Mantente ágil, sigue perfeccionando tus estrategias y mantente abierto a las tendencias emergentes.

La resolución de conflictos no es solo una habilidad; Es una piedra angular para una dinámica organizacional exitosa y sostenible. Brindemos por un futuro en el que los conflictos se enfrenten con confianza, creatividad y compromiso para construir equipos más fuertes y resilientes. Que esta guía rápida continúe sirviendo como un recurso valioso en su búsqueda continua de una resolución efectiva de conflictos.